Der geheimnisvolle Fußballdieb

Eine Geschichte von Ulrike Hauswaldt

Mit Bildern von Volker Fredrich

COPPENRATH

„Nein, Sammy, ich kann jetzt nicht mit dir spielen. Ich muss zum Training!“

Nick krault seinen Hund hinter den Ohren und wuschelt ihm einmal durchs Fell. Sammy ist der verspielteste Hund der Welt. Und der liebste! Aber nun muss Nick los.

Das Spiel endet 6:3 für die Klein-Sommerheimer. Noch nie haben die Jungen so viele Tore geschossen.
„Es geht also auch ohne den Ball“, sagt der Trainer.
„Und wie!“, meint Kamran und strahlt.
„Außerdem haben wir jetzt einen neuen Glücksbringer“, sagt Nick, „und das ist Sammy!“

„Wie ist der Stand?“, fragt Lena.
„3:1“, sagt Nick stolz und gibt Lena den Ball zurück. „Und das ganz ohne unseren Glücksbringer! Da hattest du ausnahmsweise mal recht.“
In der zweiten Halbzeit bekommen die Klein-Sommerheimer eine besondere Verstärkung: Jedes Mal, wenn die Olmer ein Tor schießen, heult Sammy wie ein Wolf! Und jedes Mal, wenn einer aus Nicks Mannschaft ein Tor macht, bellt Sammy wie verrückt vor Freude.

Nick kann es nicht fassen. Er guckt seinen Hund scharf an: Ob er der Balldieb war? Sammy weicht seinem Blick aus und schnüffelt lieber am Boden herum. Da muss Nick lachen. Er beugt sich zu Sammy und flüstert ihm ins Ohr: „Hab ich zu wenig mit dir gespielt? Immer nur mit dem blöden Ball?“ Dann umarmt er seinen Hund. „Das wird sich ändern – versprochen!“ Sammy scheint ihn zu verstehen, denn er leckt Nick glücklich über das Gesicht.

Gleich nach dem Anpfiff fliegt der Ball zwischen Kamran und Paul hin und her. Paul schießt ihn zu Benjamin, der ihn geschickt ins Tor köpft.
Ja, sie spielen gut, die Klein-Sommerheimer. Die Grotten-Olmer können kaum mithalten.
In der Pause kommt Lena plötzlich herbeigestürmt, begleitet von Sammy. „Schau mal, was ich in meinem Rucksack habe!“, ruft sie und zieht den Ball hervor, den Ball der Bälle!
„Sammy hat ihn gefunden. Gleich nachdem ihr weg wart, hat er gewinselt und mich zu dem Versteck im alten Spielhäuschen geführt.“

Niedergeschlagen geben sie die Suche auf und machen sich auf den Weg zum Fußballplatz.
„Das ist doch nicht so schlimm“, versucht der Trainer sie aufzumuntern. „Kein Ball der Welt kann das Spiel für euch gewinnen. Es kommt auf euch selbst an, auf euren Teamgeist!“
Das glaubt Nick zwar nicht so richtig, aber was bleibt ihnen anderes übrig? Nachdenklich guckt er zu den Grotten-Olmern hinüber. Ob die den Ball der Bälle geklaut haben, um das Spiel zu gewinnen?

Nick ruft seine Freunde aus der Mannschaft an und erzählt ihnen von dem rätselhaften Fußballdiebstahl. Paul, Joschi und Kamran kommen sofort vorbei und Kamran bringt sogar seinen Detektivkoffer mit.
Sie durchforsten die Büsche und finden einen kaputten Reifen, ein Sandkastenförmchen und einen alten Schuh, aber nichts, was auf einen Dieb hinweisen könnte – weder Fußspuren noch Zigarettenstummel.
Geschweige denn den Ball selbst …

„Was ist denn hier los?“, fragt Papa und gähnt. Doch er merkt schnell, dass die Lage ernst ist. „Wenn Lena sagt, dass sie den Ball nicht hat, dann stimmt das auch.“
„Genau!“, brummt Lena. „Als ich vom Skaten zurückkam, war der Ball noch da. Den hat sonst wer geklaut. Die Garagentür stand ja offen!“
„Ich glaube nicht, dass der Ball gestohlen wurde“, sagt Papa nachdenklich. „Schließlich war Sammy da, der hätte sofort gebellt, wenn ein Fremder im Garten gewesen wäre.“

Nick stürzt zurück ins Haus und reißt Lenas Zimmertür auf.
„Wo hast du meinen Ball hingetan?"
„Bist du verrückt?" Lena hebt müde den Kopf. „Lass mich in Ruhe, ich schlafe noch."
„Du hast ihn geklaut!", schreit Nick.

Am Samstagmorgen ist Nick schon früh hellwach. Nur noch ein paar Stunden und dann werden sie gegen die starken Grotten-Olmer spielen – und siegen! Schnell zieht Nick sich an und schleicht aus dem Haus, um eine Runde zu kicken. Quietschend schwingt das Garagentor auf. Nick blickt auf das Regal mit den Sportsachen und mit einem Mal wird ihm ganz flau im Bauch.
WO IST DER BALL?
Gestern Nachmittag lag er genau hier, neben Lenas Inlinern. Da liegt er immer. Und jetzt – ausgerechnet heute – ist er weg!

Das ist natürlich Lena, seine große Schwester.
„Bist ja bloß neidisch!“, sagt Nick. „Wenn deine Inliner nur halb so gut wären wie mein Fußball, dann hättest du sie schon ganz aufgeweicht mit deinen Schmatzern.“
„Ph!“, macht Lena und zieht ihre Rollschuhe aus. „Das ist doch nur ein stinknormaler Ball. Wenn ihr nicht gut spielt, verliert ihr am Samstag – Ball hin oder her.“
Aber Nick ist sich sicher: Ohne den Ball der Bälle hätten sie längst nicht jedes Spiel gewonnen. Er streckt seiner Schwester die Zunge raus und macht sich auf den Weg zum Training.

Heute ist das letzte Training vor dem Spiel gegen die Grotten-Olmer. Die sollen bärenstark im Sturm sein. Doch bestimmt wird Nicks Mannschaft trotzdem gewinnen. Klein-Sommerheim hat nämlich in dieser Spielzeit noch nie verloren. Das liegt an ihrem geheimen Glücksbringer, dem Ball der Bälle.

Nick schnappt ihn sich und schnuppert noch einmal an seinem rauen Leder, bevor er den Ball auf den Gepäckträger schnallt.

„Los, knutsch ihn doch!", ruft da jemand und lacht höhnisch.

1FC
S